THE 3D LEARNER
ALPHABET BOOK

ALPHABET BUDDIES TO COLOR

www.3dlearner.com

Copyright © 2018 3D Learner

A

a

B

b

C

C

D

d

E

e

F

f

G

g

H

h

i

J

j

K

k

L

l

M

m

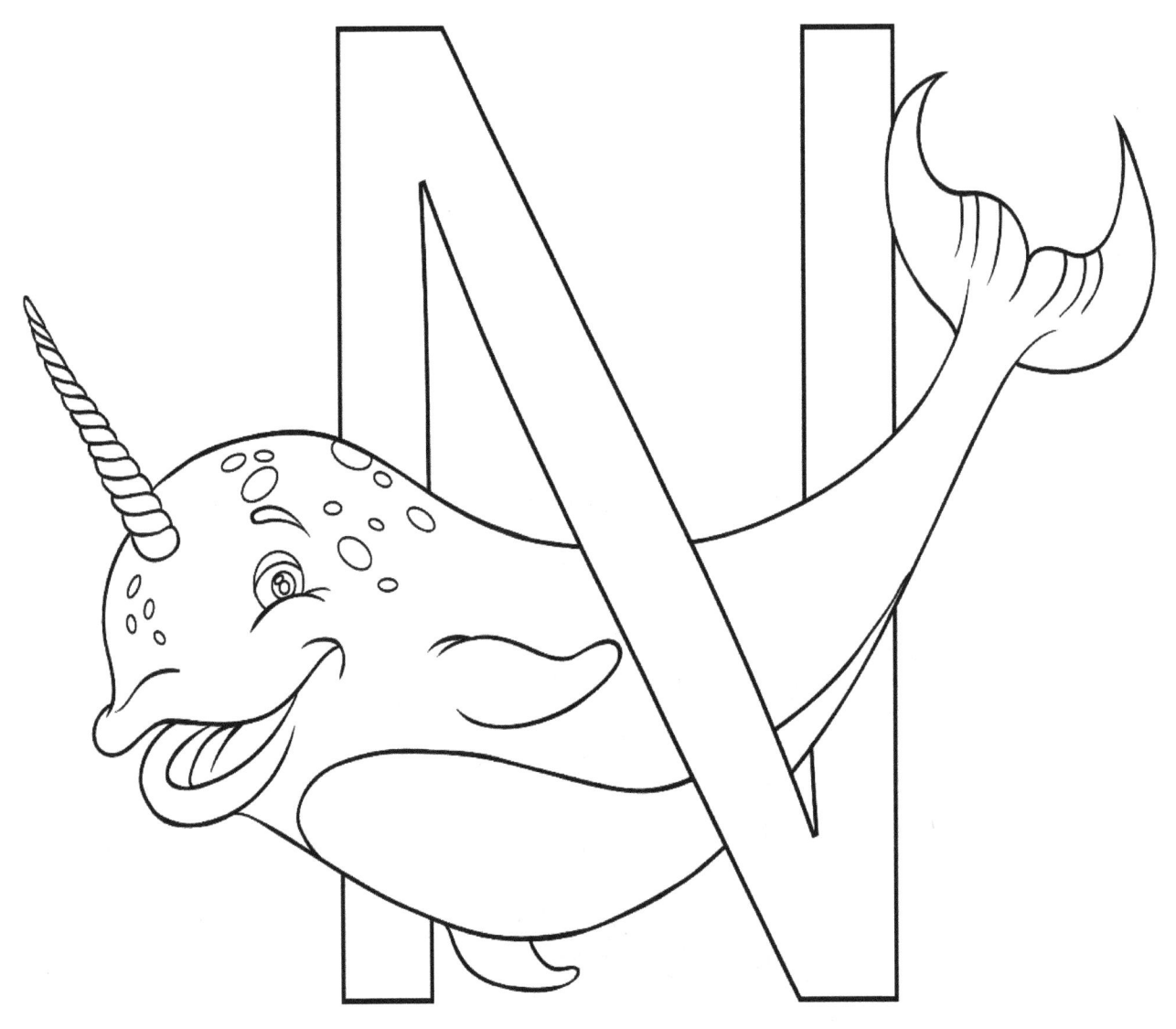

N

n

O

P

p

Q

q

R

s

S

T

t

U

u

v

v

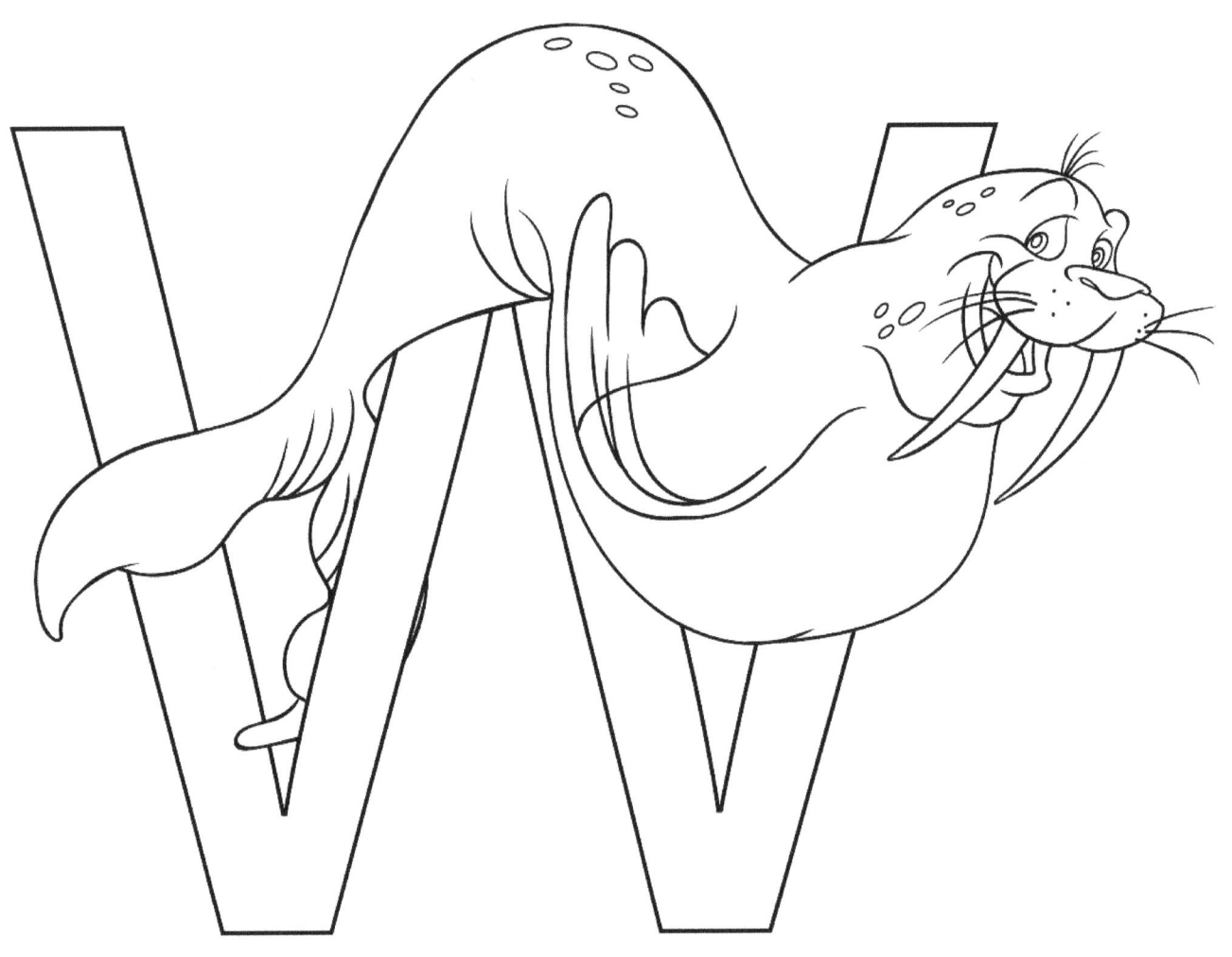

W

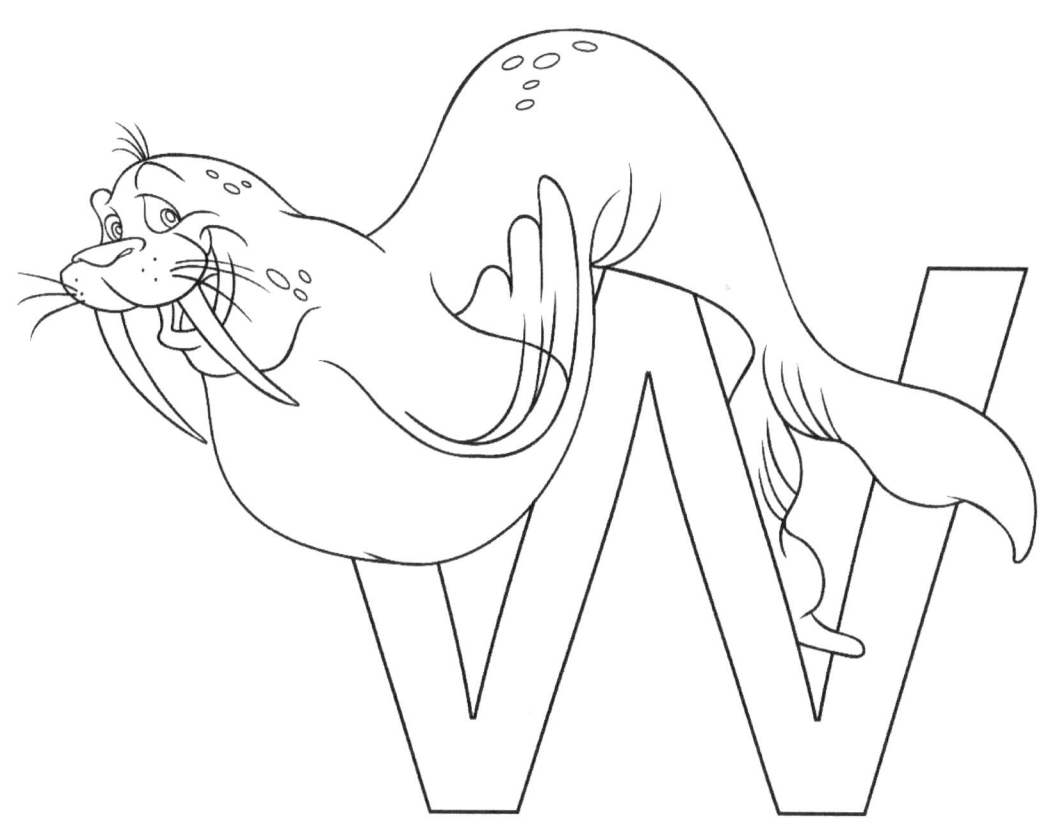

x

x

Y

y

z

z

INSTRUCTIONS
TRACING AND WRITING LETTERS

Color the letters.

Carefully trace each letter and then try it on your own.

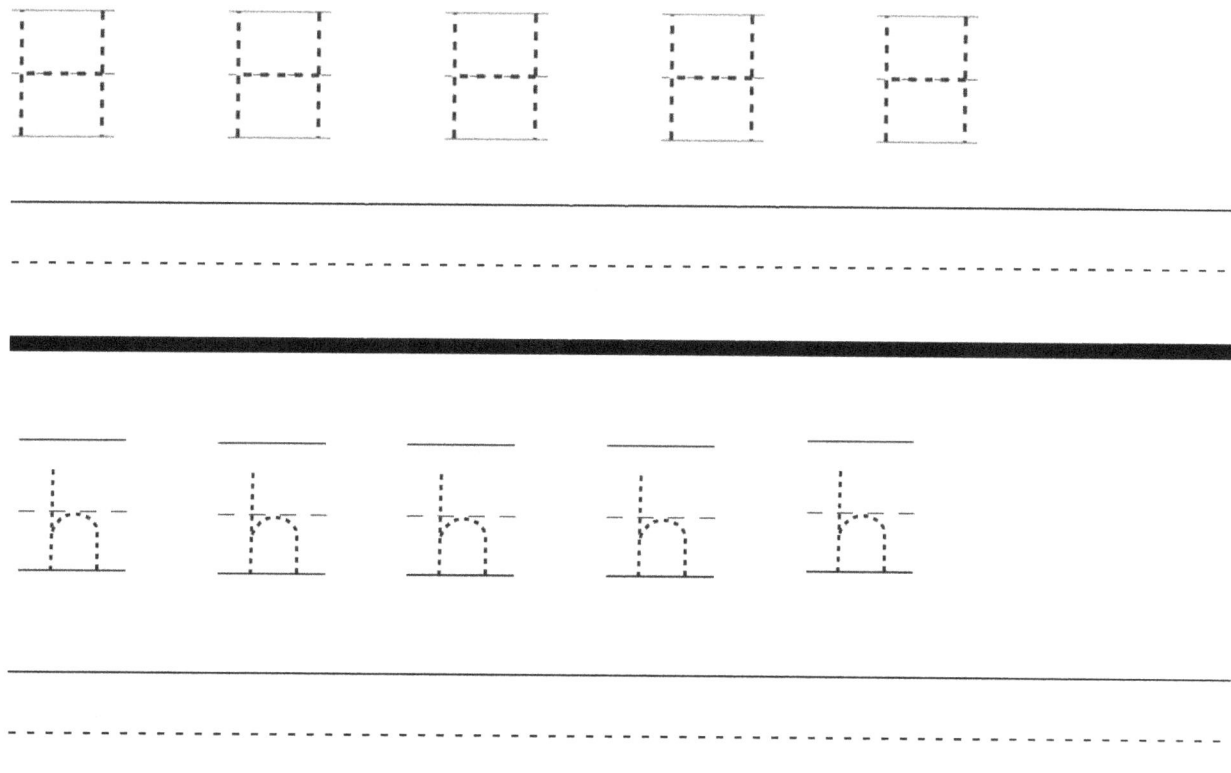

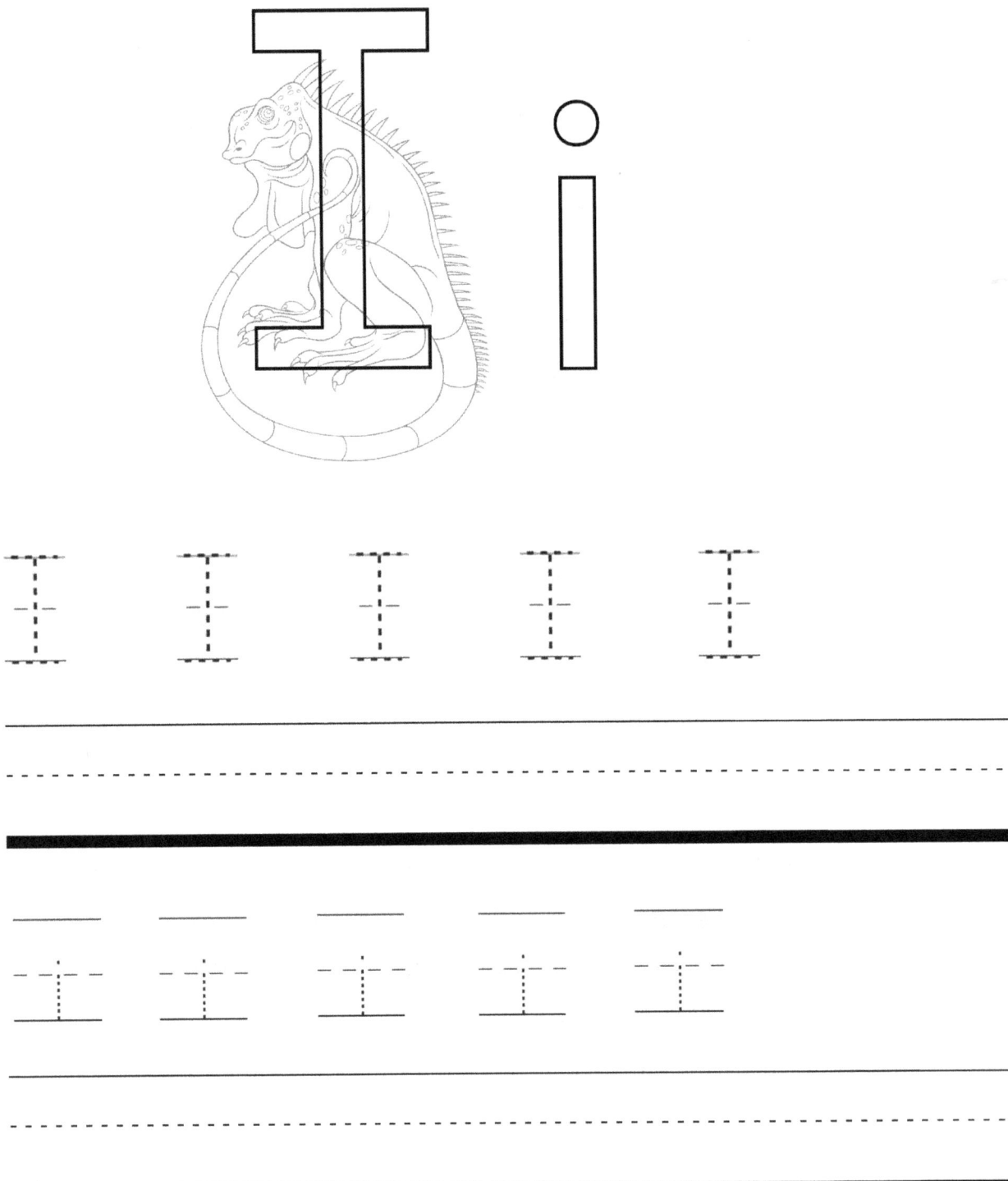

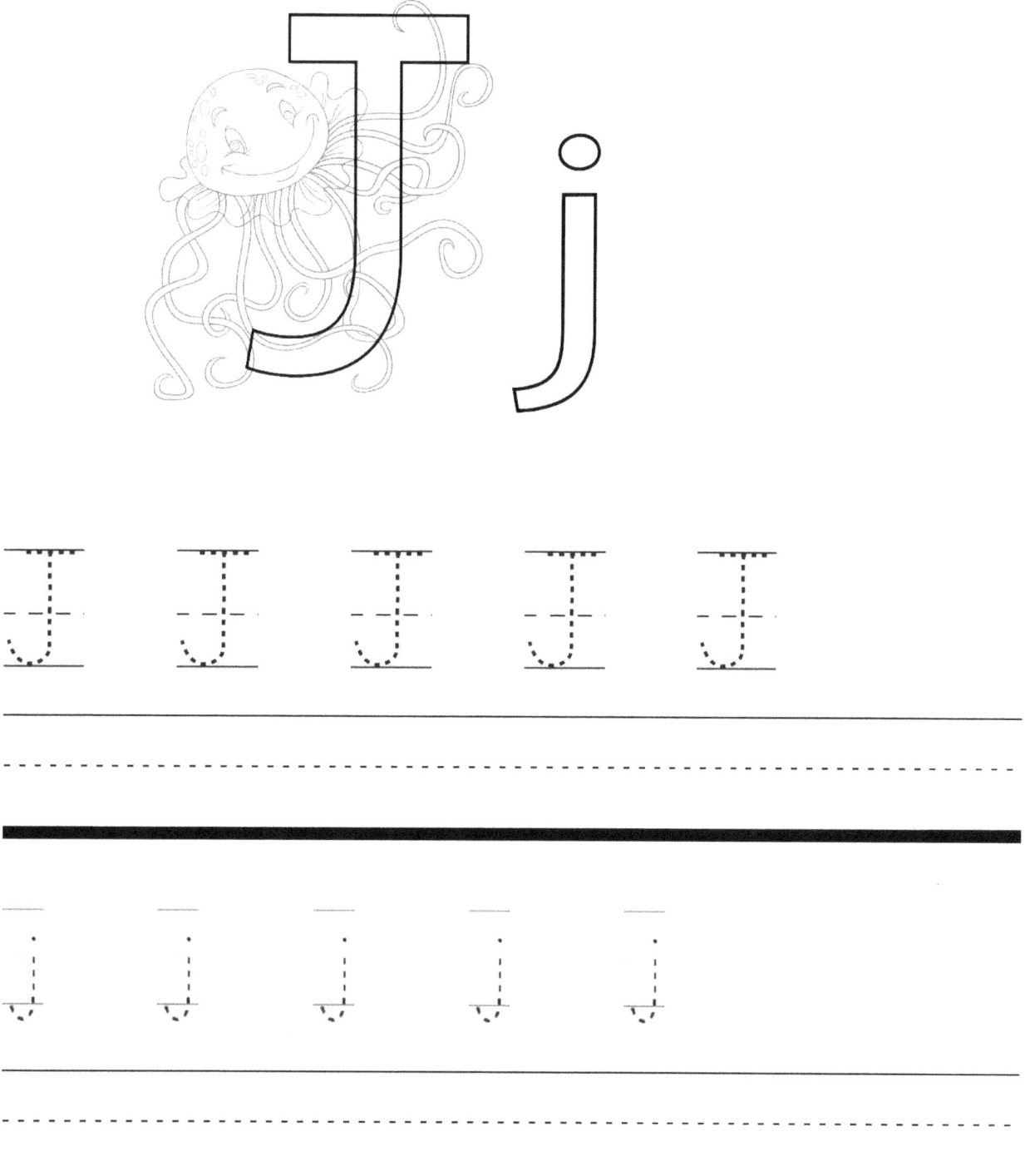

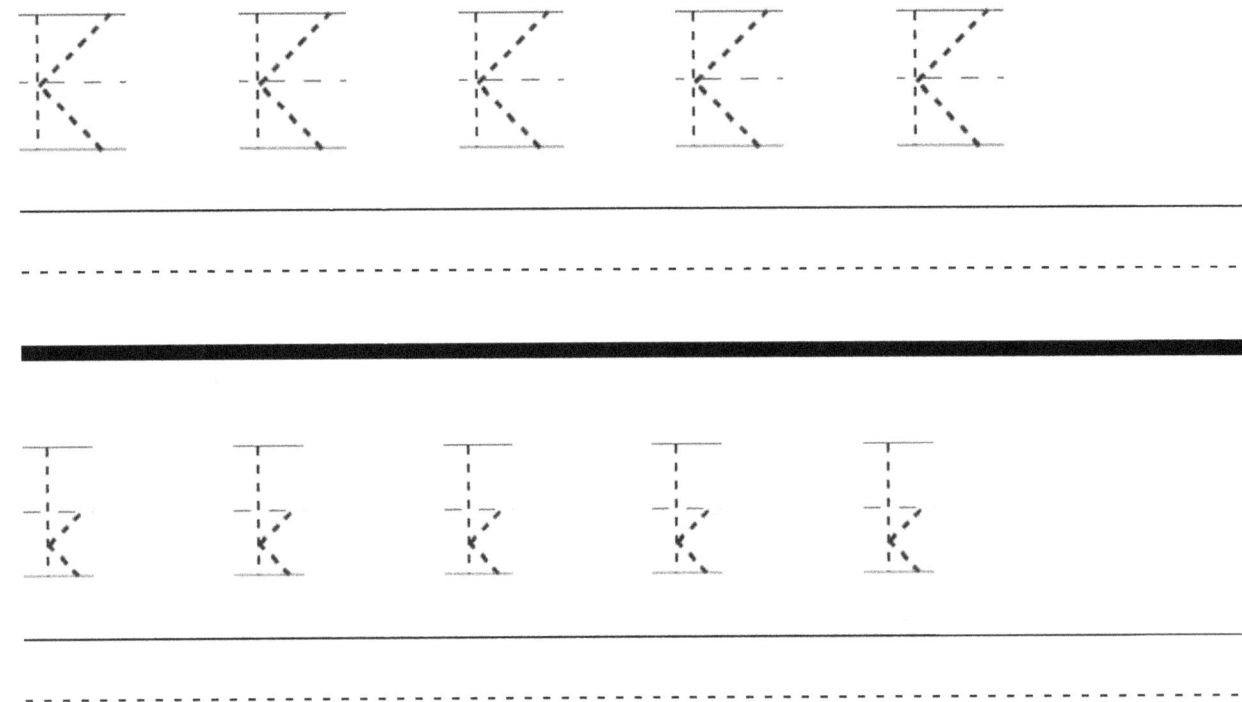

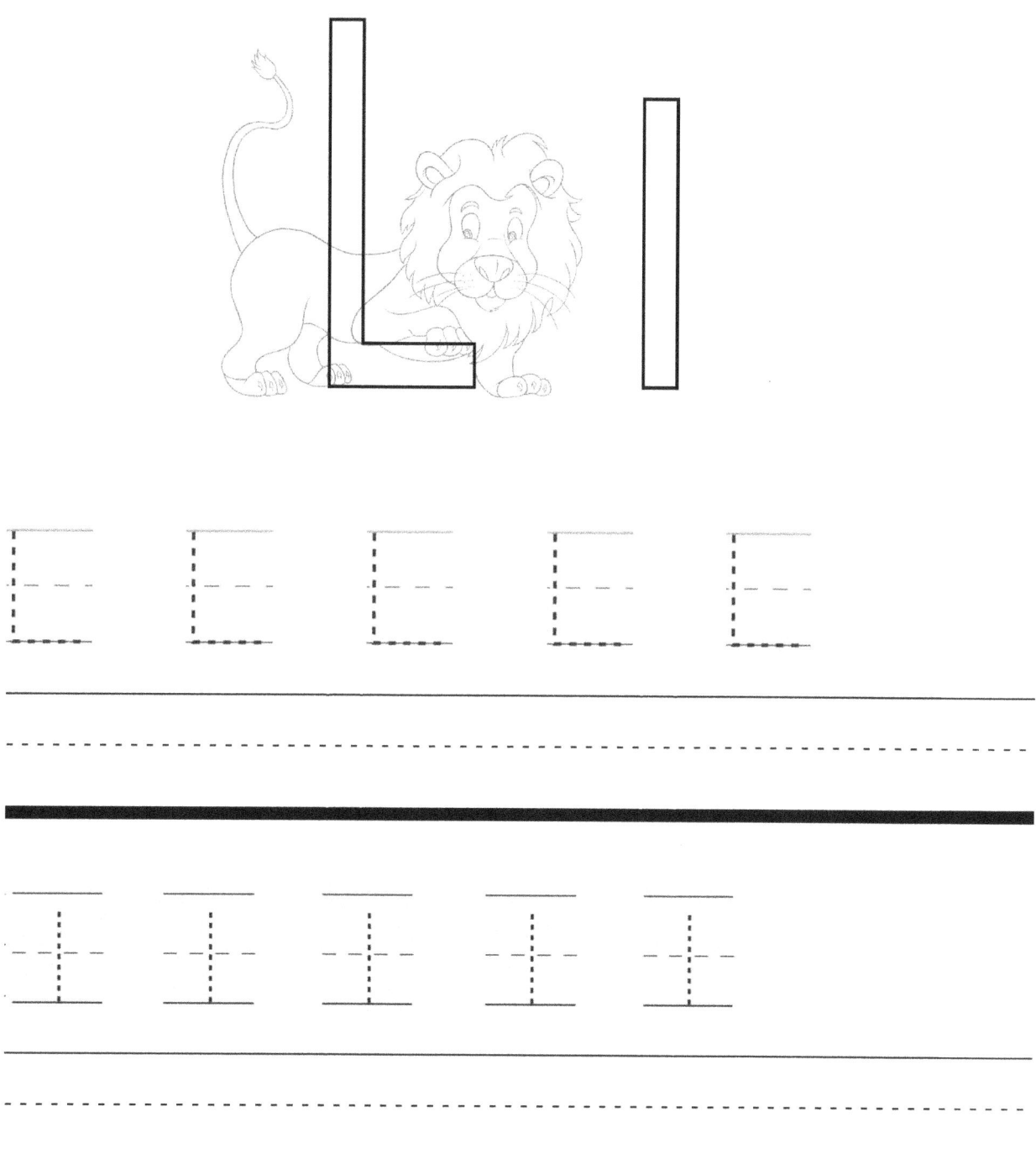

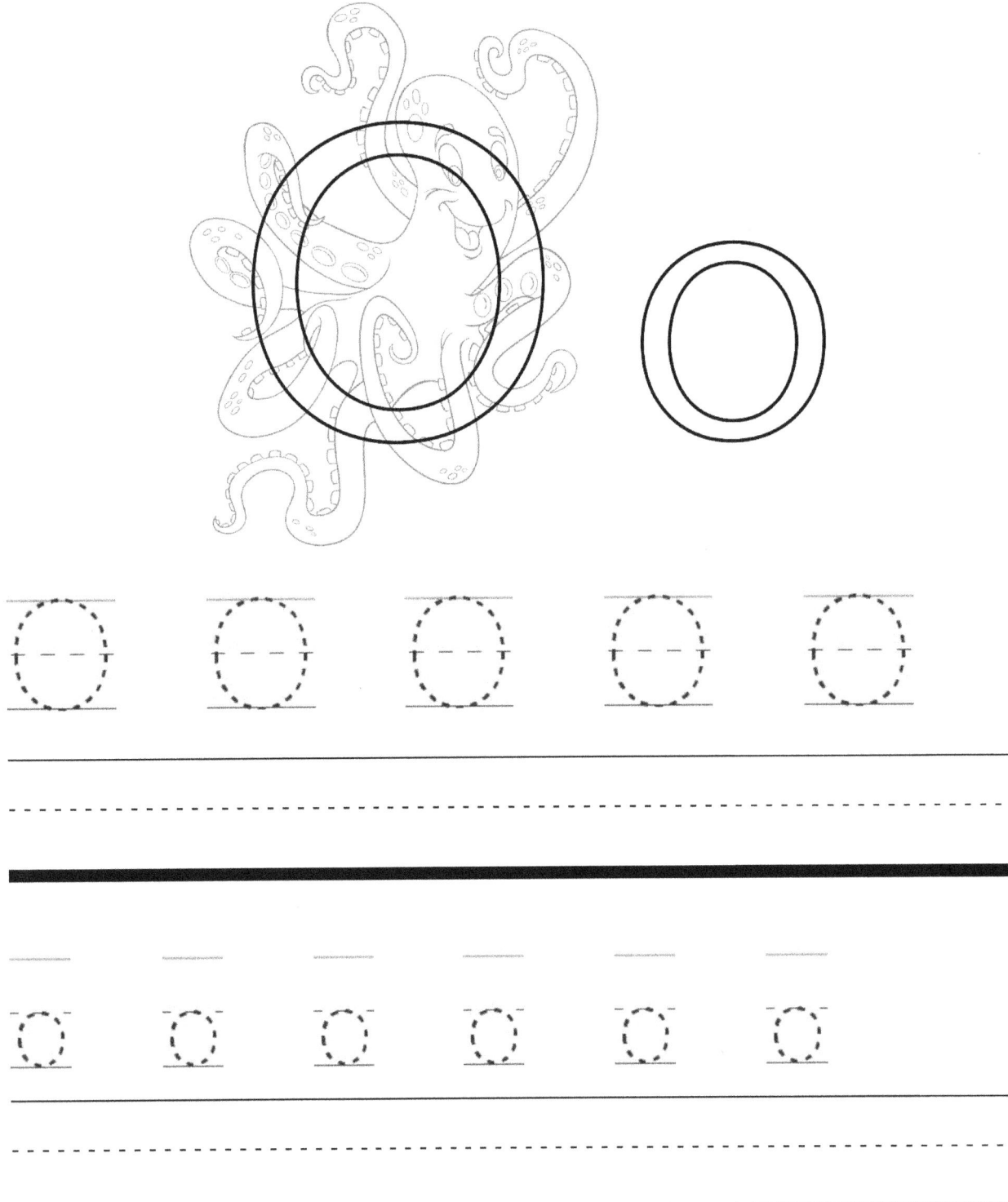

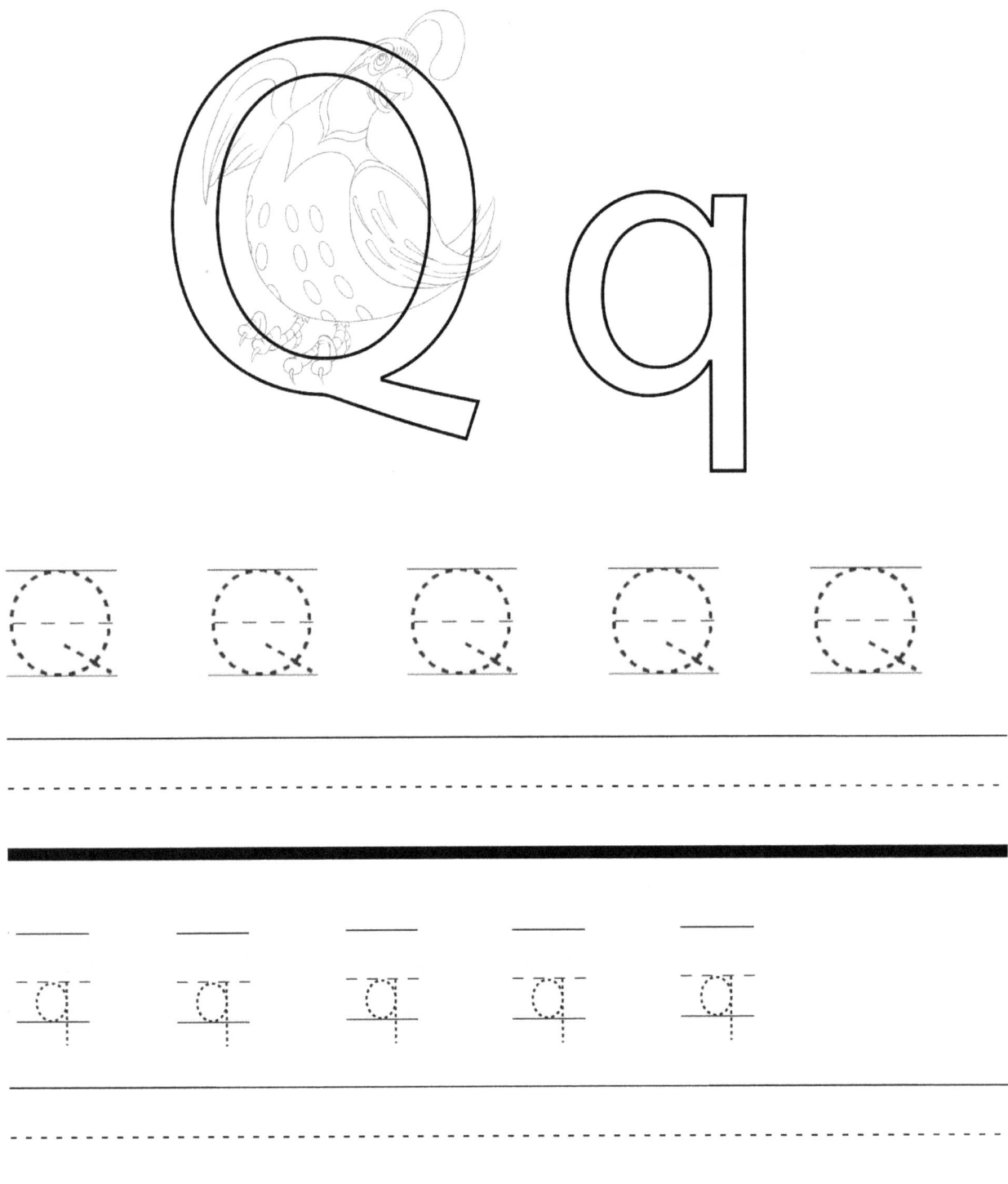

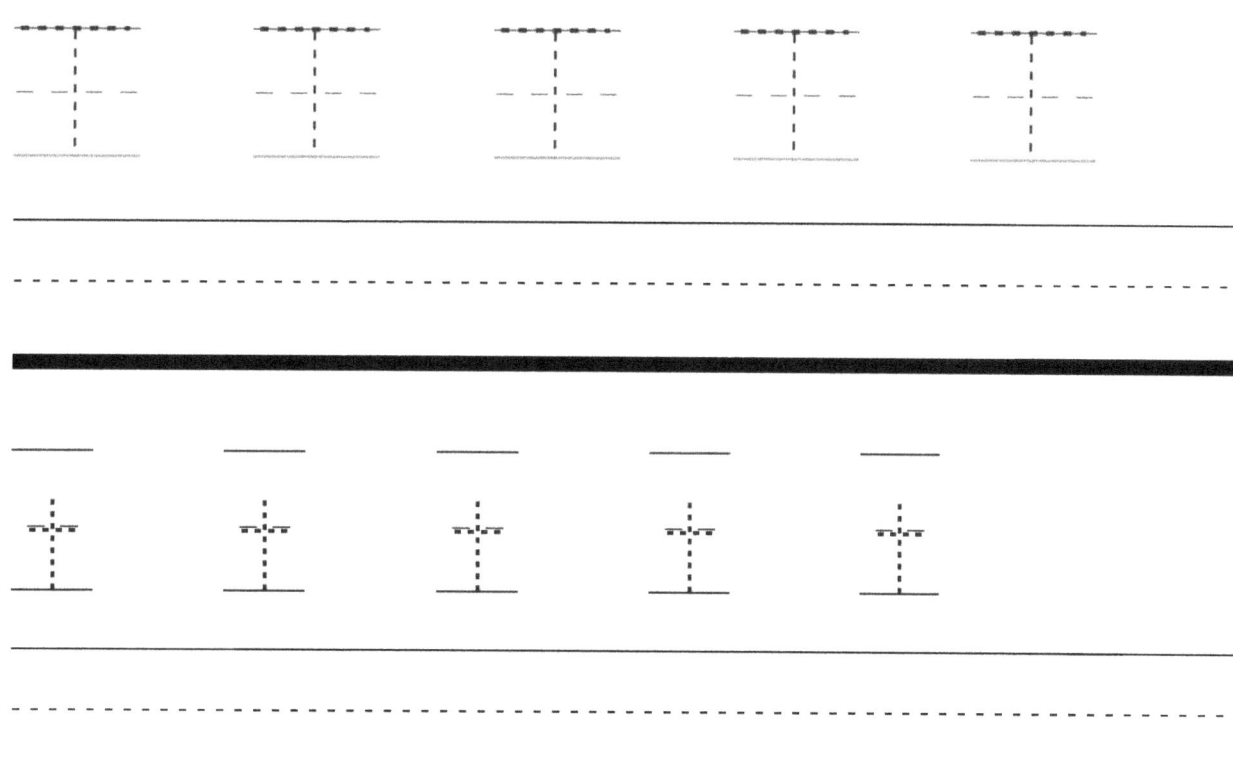

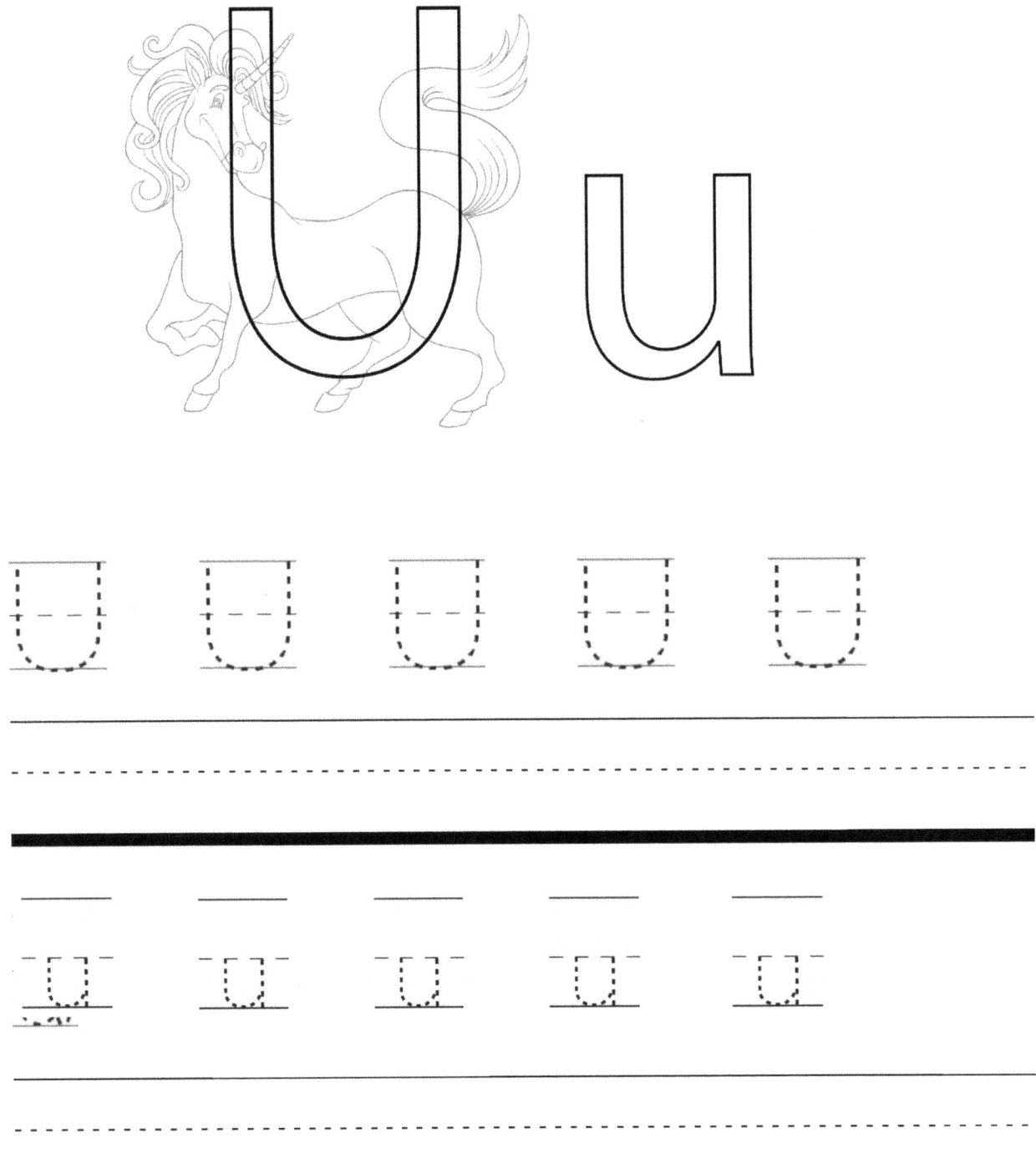

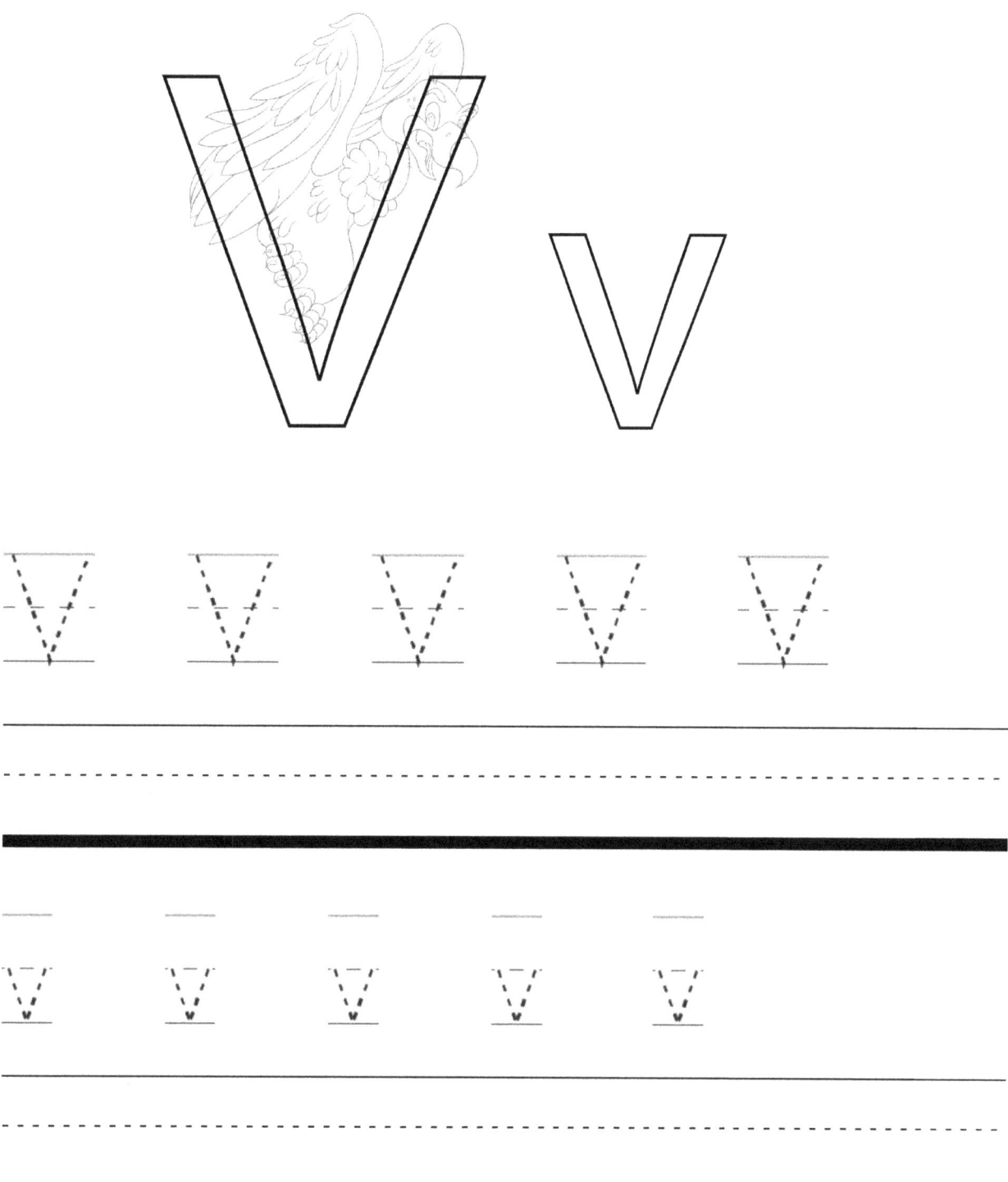

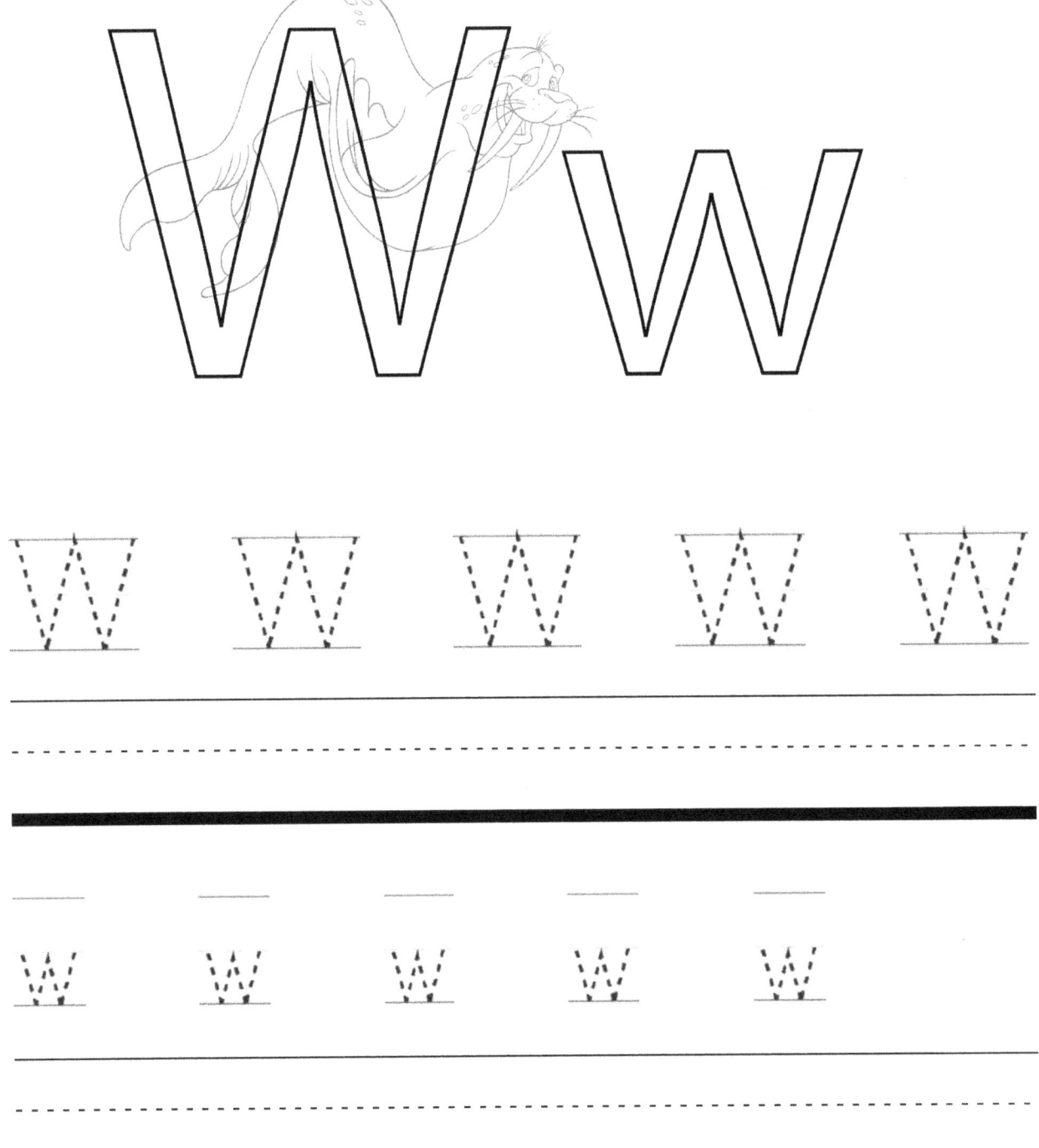

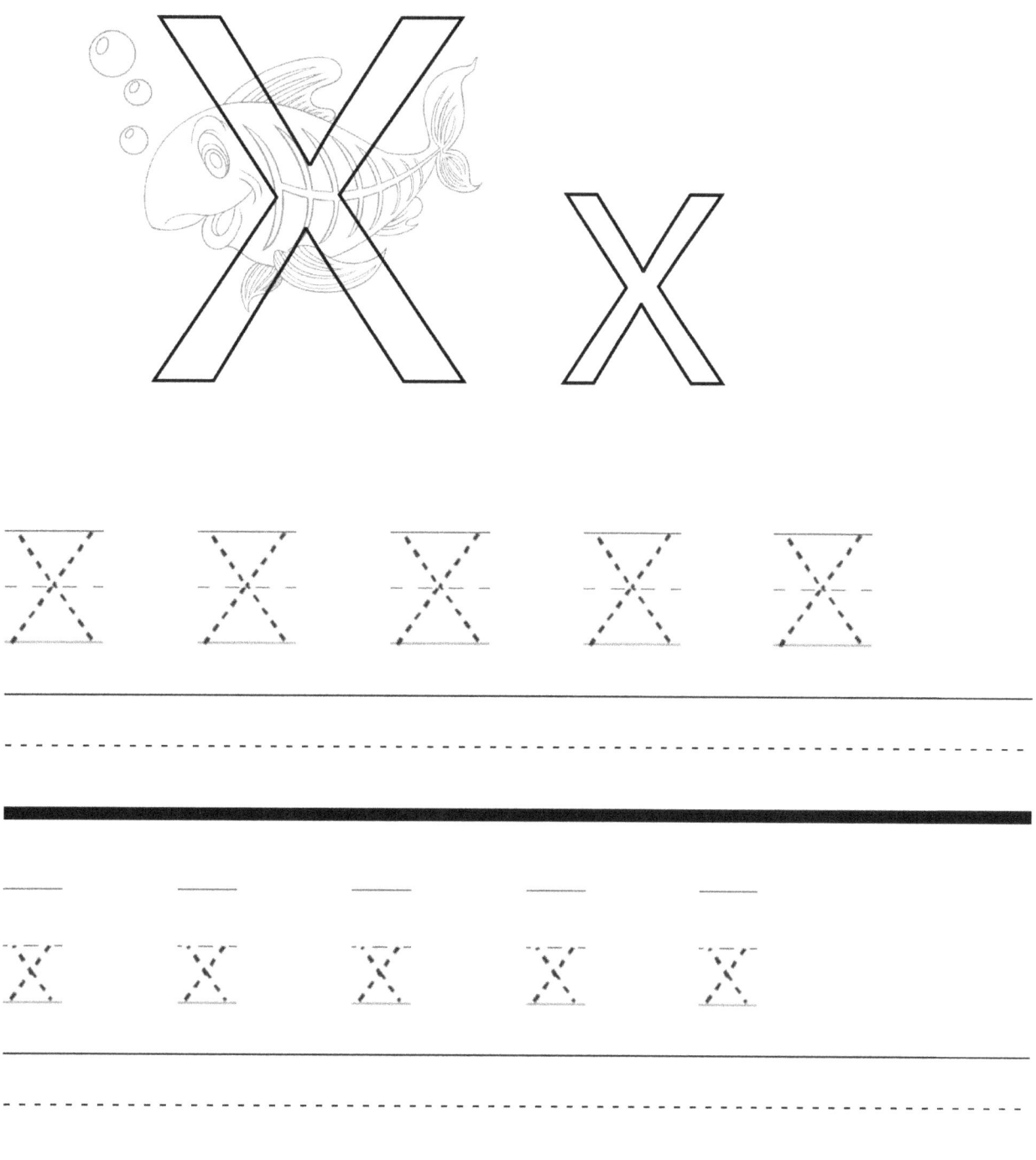

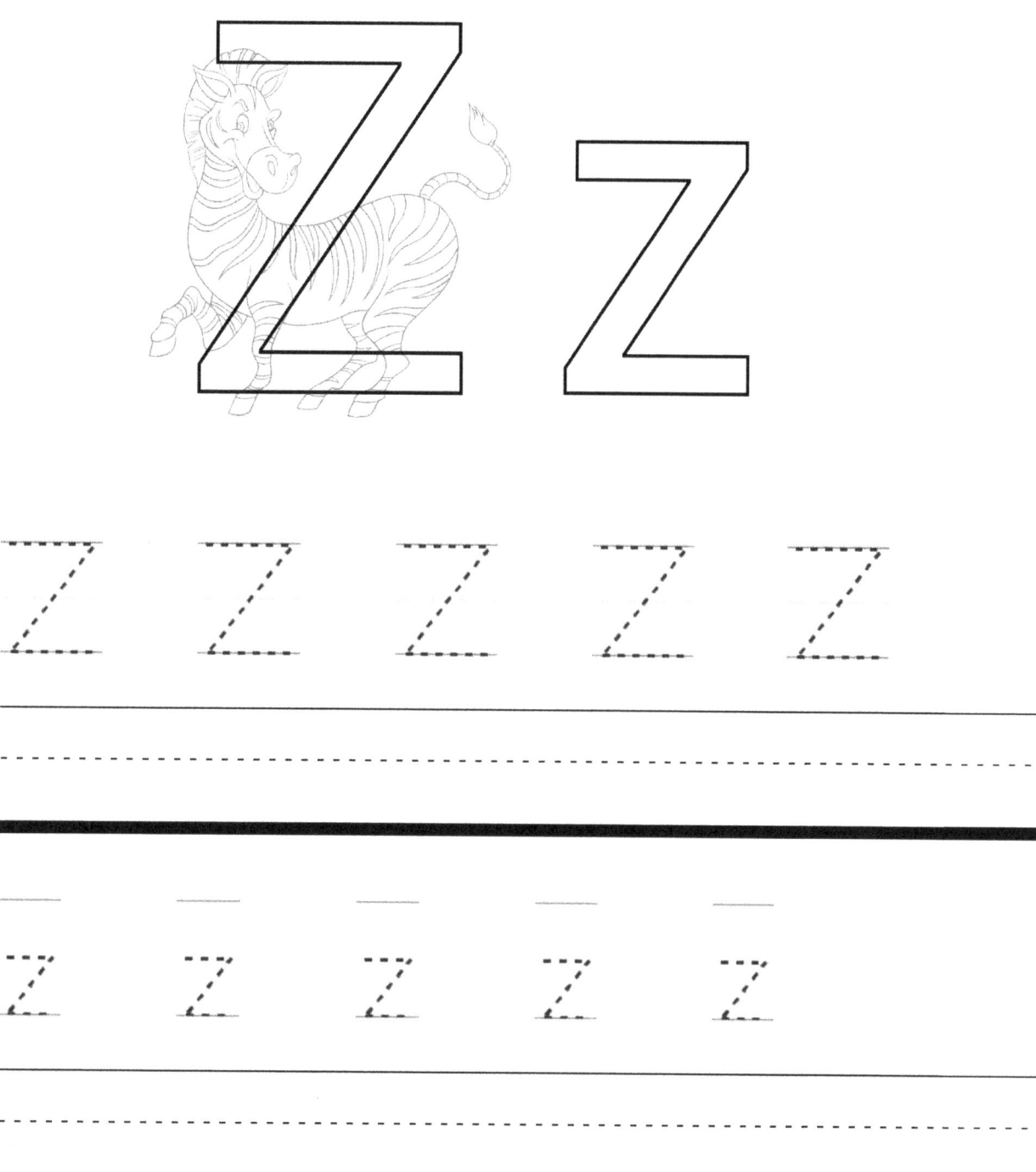

www.ingramcontent.com/pod-product-compliance
Lightning Source LLC
Chambersburg PA
CBHW081018040426
42444CB00014B/3266